대한민국 대표논술 《빨강연필》이 만든 교과논술

바깔로레아
초등 교과 논술

국어도 풀고, 사회도 풀고, 과학도 풀고

읽고, 느끼고, 생각하고······ 정해진 답은 없습니다.

시인 김관식 선생님은 교단에서 시를 가르치면서 '시는 정답이 없고, 단지 읽고 느끼고 생각하는 것'이라고 말했습니다.

그렇지만 우리가 배우는 시는 어떻습니까? 더 이상 조각을 낼 수 없을 정도로 잘게 잘게 조각내어 시인이 의도하지 않았던 숨은 의미까지 재주 좋게 만들어냅니다. 이것은 비단 시 뿐만이 아닙니다. 세상을 바라보는 모든 시각이 그렇습니다.

그렇지만 우리의 아이들은 달라야 합니다. 세상을 완전한 모습으로 바라보고 또 완전하게 이해하며 지금까지와는 다른 새로운 세상을 만들어가야 합니다.

〈바깔로레아 국어논술〉은 세상을 바라보는 눈이 자라는 아이들, 제대로 된 생각다운 생각을 할 줄 아는 아이들 그래서 새로운 세상의 주역이 될 아이들을 위해 시작되었습니다. 정해진 해답을 배제하고 창의적인 독창성을 발휘하는 아이들을 위해 달려왔습니다.

우리 아이들이 6호까지 쉼 없이 달려오면서 얻은 것은 생각하는 힘입니다. 비록 만점짜리 답안지를 받는 날이 조금 미뤄진다 해도 높은 곳에서 나의 이름을 부르는 그 날을 위해 아이들의 생각은 조금씩 조금씩 자라나 길게 뻗어 있을 것입니다. 아이들은 이제 스스로 생각하고, 스스로 길을 찾아내는 법 또한 알게 되었을 것입니다.

애정 어린 관심으로 지켜봐 주신 덕분으로 마지막 호까지 완간하게 되었습니다. 설레임 반 걱정 반으로 내놓았던 1호 때의 마음으로 6호까지 달려오는 데에는 변함없이 보내 주신 성원이 큰 힘이 되었습니다. 단지 이것으로 끝나지 않고 아이들의 빛나는 앞날에 언제나 박학천이 함께 하겠습니다.

지은이 **서울대 국어교육학 박사 박학천**

바깔로레아 국어논술
교과서와 논술의 통쾌한 만남

· 국어 사회 과학 + 독서 논술 토론 통합 프로그램입니다.
· 쉽고 부담 없는 자료를 편하게 따라만 가면 저절로 사고력, 독해력, 이해력이 자라는 검증된 프로그램입니다.

단원별 학습 목표 및 구성

week 01 발상사고혁명

실질적인 〈발상·사고〉 훈련
- 고정 관념을 깨고, 개성적인 사고를 기릅니다.
- 스스로 질문하고 비판하는 시각과 자세를 기릅니다.

week 02 교과서 논술 01

〈국어 능력〉 심화 학습
- 국어 교과서 선행 학습으로 단원의 핵심을 이해합니다.
- 수행평가, 논술형 문항으로 국어과 학습 능력을 키웁니다.

※ 교과서 활용 : 『말하기·듣기』 / 『읽기』

week 03 독서 클리닉

실질적인 〈읽기 능력〉 향상 훈련
- 억지로 읽기보다는 읽는 맛과 재미를 알려 줍니다.
- 비판적 읽기, 개성적 읽기로 글을 보는 안목을 키웁니다.

week 04 교과서 논술 02

〈국어 능력〉 심화 학습
- 국어 교과서 선행 학습으로 단원의 핵심을 이해합니다.
- 수행평가, 논술형 문항으로 국어과 학습 능력을 키웁니다.

※ 교과서 활용 : 『말하기·듣기』 / 『읽기』

병아리도 날 수 있다!

week 05
영재 클리닉 01

사회 교과서를 활용한 영재 심화 학습
■ 통합 교과 시대를 대비, 사회과 학습 테마를 논술로 연결시켜 쉽고 재미있게 초중고 학습 과정의 주요 주제와 쟁점을 알려 줍니다.

※ 교과서 활용 : 『바른 생활』 / 『사회』

week 06
교과서 논술 03

〈국어 능력〉 심화 학습
■ 국어 교과서 선행 학습으로 단원의 핵심을 이해합니다.
■ 수행평가, 논술형 문항으로 국어과 학습 능력을 키웁니다.

※ 교과서 활용 : 『말하기·듣기』 / 『읽기』

week 07
영재 클리닉 02

과학 교과서를 활용한 영재 심화 학습
■ 통합 교과 시대를 대비, 과학과 학습 테마를 논술로 연결시켜 쉽고 재미있게 초중고 학습 과정의 주요 주제와 쟁점을 알려 줍니다.

※ 교과서 활용 : 『슬기로운 생활』 / 『과학』

week 08
논술 클리닉

『쓰기』 교과서를 활용한 논술 훈련!
■ 쓰기 교과서로 쓰기 학습 능력을 키운 후, 생활문에서 본격 논술까지 자신 있게 자신의 견해를 글로 표현하도록 유도합니다.

※ 교과서 활용 : 『쓰기』

차례

발상사고혁명	보이는 건 1개 생각은 100가지	05
교과서 논술 01	이야기를 읽고 상상해요	13
독서 클리닉	성냥 사세요! 성냥 사세요!	23
교과서 논술 02	말, 참 재미있다	33
영재 클리닉 01	우리 나라가 보여요!	43
교과서 논술 03	무슨 일이 일어났나요?	53
영재 클리닉 02	겨울이 되면?	63
논술 클리닉	자세하게 설명해 봐!	71

책 속의 책 | **GUIDE & 가능한 답변들**

발상 사고혁명

보이는 건 1개
생각은 100가지

발명은 '이런 것이 있었으면 좋겠어'라고 생각하는 것에서부터 시작됩니다.

다양한 사고를 하자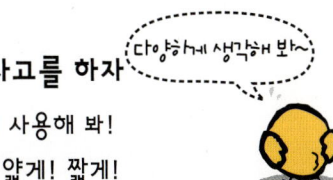

01 다르게 사용해 봐!
02 작게! 얇게! 짧게!
03 거꾸로! 반대로!
04 재료를 바꿔! 바꿔!

발상 사고혁명 Plus

구멍을 뚫어라!

다양한 사고를 하자
보이는 건 1개 생각은 100가지

01 다르게 사용해 봐!

①

②

1 ①의 커피는 어떤 용도로 사용되나요?

2 ②의 커피는 어떤 용도로 사용되나요?

3 커피를 ②와 같은 용도로 사용하게 된 이유를 써 보세요.

4 다음 물건을 〈보기〉와 같이 본래의 용도 외에 다르게 사용할 방법을 생각해 보세요.

〈보기〉

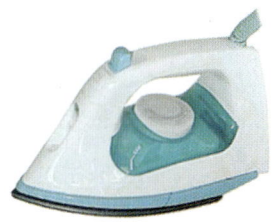

본래의 용도 - 옷을 다린다.
이렇게도 이용할 수 있다. - 빵을 굽는다.
　　　　　　　　　　　　　고기를 굽는다.

①

본래의 용도 -
이렇게도 이용할 수 있다. -

②

본래의 용도 -
이렇게도 이용할 수 있다. -

③

본래의 용도 -
이렇게도 이용할 수 있다. -

④

본래의 용도 -
이렇게도 이용할 수 있다. -

02 작게! 얇게! 짧게!

1 물건의 크기가 작아져서 좋은 점을 모두 써 보세요.

_____

_____

_____

2 작게 만들고 싶은 물건이 있나요? 어떤 물건인지 쓰고, 그 이유도 써 보세요.

_____

_____

03 거꾸로! 반대로!

양말을 손에 끼우면? 장갑을 발에 끼우면?

1 벙어리장갑과 발가락양말은 어떤 과정을 통해서 만들어졌을지 추측해 보세요.

_____

_____

2 발가락양말과 벙어리장갑의 장점을 각각 말해 보세요.

• 발가락양말 : _____

• 벙어리장갑 : _____

04 재료를 바꿔! 바꿔!

휴그 무어가 종이컵을 발명하게 된 것은 형 때문이었다. 형이 생수 자판기를 만들었는데 자판기에 사용되는 도자기컵이 쉽게 깨져서 자판기를 이용하는 사람이 없었다. 그것을 본 휴그 무어는

'깨지지 않는 컵을 사용하면 좋을 텐데……'

하고 생각했다.

'깨지지 않는 것? 종이. 그래 종이로 컵을 만들면 좋겠다. 그런데 종이는 젖으면 찢어져 버리지. 어떻게 하면 찢어지지 않게 할 수 있을까?'

그는 계속 생각을 하고 연구를 하다가 물에 젖지 않는 기름 먹인 종이를 생각해 내게 되고, 그 종이로 종이컵을 만들게 된다.

1 휴그 무어가 자판기에 사용하는 컵의 재료를 바꿔야겠다고 생각하게 된 이유는 무엇인가요?

2 재료를 바꿔 보고 싶은 물건이 있나요? 어떤 물건을 어떤 재료로 바꿔 보고 싶은지 쓰고, 바꾸고 싶은 이유도 써 보세요.

발상사고혁명 plus | 구멍을 뚫어래!

1 각설탕 포장지에 뚫은 작은 구멍이 한 일은 무엇인가요?

> 미국의 설탕회사에서는 더운 지방으로 각설탕을 수출했습니다. 그런데 각설탕 포장지에 습기가 차서 설탕이 녹아 수출을 하는데 어려움을 겪었습니다. 그 때 한 사원이 곰곰이 생각을 하다가 각설탕 포장지에 작은 구멍을 뚫었습니다. 그러자 신기하게도 포장지에 습기가 차지 않았습니다. 그 작은 구멍으로 공기가 드나들 수 있어서 습기가 차지 않은 것입니다.

2 우표에는 많은 구멍들이 뚫려 있고, 주전자 뚜껑에는 작은 구멍 한 개가 뚫려 있습니다. 우표와 주전자에 구멍을 뚫은 이유는 무엇일까요?

우표의 구멍 : _____

주전자 뚜껑의 구멍 : _____

좋은 발명품을 만들었다면 쓰는 방법도 자세히 알려 주어야 합니다.

말하기 · 듣기 · 읽기 – 이야기 읽고, 만들기

이야기를 읽고 상상해요

내 눈으로 보는 교과서
01 짧은 이야기를 만들어요
02 느낌을 그림으로 그려요

뛰어넘자 교과서
거북아, 쳐다보지 마!

 | **01 짧은 이야기를 만들어요**

학습 목표 : 1) 재미있는 이야기를 읽을 수 있다. 2) 그림을 보고, 재미있는 이야기를 만들 수 있다.

1 거꾸리가 거꾸로 한 말을 바르게 고쳐 써 보세요.

　퉤 퉤. 아이, 써.　⇨ _____

　어유, 무거워.　⇨ _____

2 거꾸리가 다음과 같은 상황일 때 어떻게 말했을지 써 보세요.

거꾸리가 뜨거운 목욕물에 들어갔다면?

⇨ _____

거꾸리가 멋진 개구리를 보았다면?

⇨ _____

거꾸로 말하기

00년 00월 00일
햇빛이 쨍쨍 뜨거운 날씨

오늘은 아주 더운 날인데 우리 집 선풍기가 망가져서 더 더웠다. 내가 종일 "아후 더워, 아후 더워."그러면서 짜증을 내니까 아빠가 날 부르셨다. "상두야, 덥지만 아이고 시원하네라고 말해 보렴. 그럼 조금 시원해지는 것 같거든." 나는 정말 그런지 궁금해서 "아, 시원해. 시원하다. 시원해."라고 말해 보았다. 그랬더니 정말 시원해지는 것 같았다.

그래서 나는 거꾸로 말하기를 하기로 했다. 공부가 하기 싫을 때에는 "공부는 정말 재미있어."라고 말하고, 집에 혼자 있어서 무서울 때는 "나는 겁이 없어. 하나도 안 무섭다고."라고 말하는 거다. 그리고 어려운 수학 문제를 풀 때에는 "이 문제는 아주 쉬워. 별거 아니라구."라고 말할 것이다.

그럼 공부를 재미있게 할 수 있고, 무서움도 덜 느낄 것 같고, 어려운 수학 문제도 거뜬히 풀 수 있을 것 같다.

1 상두처럼 거꾸로 말하기를 한다면 어떤 말을 거꾸로 해 보고 싶은지 써 보세요.

_____

_____

1 일이 일어난 순서대로 써 보세요.

낡은 외투를 고치러 가다. ⇨ (　　　　　　　　　　)

⇨ 열심히 일을 해서 돈을 벌다. ⇨ (　　　　　　　　　　)

⇨ 새 외투를 입고 집으로 향한다. ⇨ (　　　　　　　　　　)

2 4에서 주인공이 무엇이라고 말했을지 상상해서 써 보세요.

3 주인공이 새 외투를 할아버지에게 벗어 준 것에 대해 어떻게 생각하는지 짧게 써 보세요.

_____

_____

4 소설가 아저씨가 또 다른 새 외투를 입고 계시네요. 아저씨가 어떻게 새 외투를 입을 수 있게 되었을지 상상해서 써 보세요.

_____

_____

 **02 느낌을 그림으로 그려요**

학습 목표 : 시나 글을 읽고 느낌을 그림으로 표현해 볼 수 있다.

그만뒀다

신발 물어 던진
강아지 녀석
혼내 주려다
그만뒀다.

우유병 넘어뜨린
고양이 녀석
꿀밤을 먹이려다
그만뒀다.

살래살래 흔드는
고 꼬리 땜에…….

쫑긋쫑긋 세우는
고 귀 땜에…….

1 위 시를 읽은 느낌을 써 보세요.

_____

2 위 시를 읽고, 떠오른 장면을 그림으로 그려 보세요.

코끼리 크레용

코끼리는 엄청 크다.
코끼리 크레용도 엄청 크다.

코끼리가 파랑 크레용으로
그림을 그린다.

작은 새가 바닷물인 줄 알고
풍당 빠지려다 쿵 부딪힌다.

코끼리가 노랑 크레용으로
그림을 그린다.

해바라기가 해님인 줄 알고
그쪽으로 자라다가 쾅 부딪힌다.

코끼리가 빨강 크레용으로
그림을 그린다.

동물들은 불이 난 줄 알고
불 끈다고 쿵쾅쿵쾅 야단법석.

1 코끼리는 파랑, 노랑, 빨강 크레용으로 어떤 그림을 그렸을까요?

파랑	노랑	빨강

2 그림을 보고, 말풍선에 알맞은 말을 넣어 보세요.

뛰어넘자 교과서 | 거북아, 쳐다보지 매!

쳐다보지 말랬잖애!

어머니가 작은 거북이를 사 오셨어요.

거북이가 많이 커서 욕조 안에서 살게 되었어요.

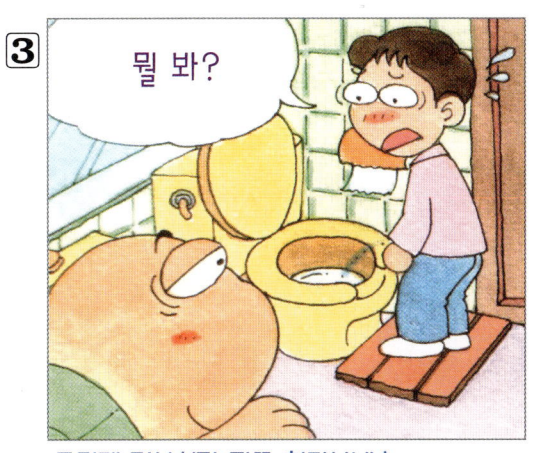
그런데 거북이가 자꾸 쳐다보네요.

어떻게 해야 할까요?

1 거북이를 욕조에 계속 살게 하면서 못 보게 하는 방법을 생각하고 써 보세요.

_____

_____

2 4 번째 칸에 들어갈 알맞은 그림을 그려 보세요.

빗자루

윤동주

요-리 조리 베면 저고리 되고
이-렇게 베면 큰 총 되지.
누나하고 나하고
가위로 종이 쏠았더니
어머니가 빗자루 들고
누나 하나 나 하나
엉덩이를 때렸소.
방바닥이 어지럽다고
아니 아니
고놈의 빗자루가
방바닥 쓸기 싫으니
그랬지 그랬어.
괘씸하여 벽장 속에 감췄더니
이튿날 아침,
빗자루가 없어졌다고
어머니가 야단이지요.

『성냥팔이 소녀』 - 마음으로 읽기

독서클리닉

성냥 사세요! 성냥 사세요!

성냥팔이 소녀가 아줌마처럼 했다면 성냥을 팔 수 있었을까요?

마음으로 읽어요

01 성냥을 팔지 못한 소녀
02 성냥을 켰어요
03 하늘나라로!

한걸음 더

성냥팔이 소녀, 꽃 파는 소녀 되다

마음으로 읽어요!
성냥 사세요! 성냥 사세요!

01 성냥을 팔지 못한 소녀

무섭게 추운 날이었습니다. 눈이 내리고 주위는 어둑어둑해졌습니다. 한 해의 마지막 날인 섣달 그믐밤이었답니다.

이렇게 춥고 어두운 길을 가엾은 여자 아이가 신발도 없이 맨발로 걷고 있었습니다. 물론 집을 나설 때는 덧신을 신고 있었지만, 얼마 전까지 어머니가 신던 것이라 아이한테는 너무 큰데다 서둘러 길을 걷다가 그만 벗겨지고 말았습니다. 마차 두 대가 무시무시한 속도로 아이의 옆을 스쳐 지나갔기 때문입니다. 벗겨진 덧신 한 짝은 찾을 수가 없었고, 또 한 짝은 웬 사내 아이가 주워 들고 내빼 버렸습니다. 아이는 어쩔 수 없이 맨발로 걸어다녀야 했습니다. 아이의 조그만 발은 얼어서 벌겋게 부어올랐습니다.

해진 앞치마 안에는 성냥이 가득 들어 있고, 손에도 성냥갑이 잔뜩 들려 있었습니다. 오늘은 온종일 아무도 성냥을 사 주지 않았을 뿐더러, 단돈 1실링도 베풀어 주지 않았습니다.

집집마다 창문에서 환한 불빛이 새어나오고, 먹음직스러운 거위구이 냄새가 길가까지 풍기고 있었습니다. 아이는 어느 집 처마 밑에 앉아 조그만 몸을 둥글게 웅크렸습니다. 그래도 추위는 가시지 않았습니다. 하지만 아이는 집에 돌아갈 마음이 없었습니다. 성냥을 하나도 못 팔아 단돈 1실링도 못 벌었기 때문에, 집에 돌아가면 아버지한테 매를 맞을 게 뻔했습니다.

24

1 날씨는 춥고 몸은 꽁꽁 얼어가는데 성냥을 한 갑도 팔지 못한 소녀의 마음이 어땠을지 상상해 보세요.

2 성냥팔이 소녀에게 가장 필요한 것은 무엇일까요? 그렇게 생각한 까닭도 써 보세요.

3 성냥팔이 소녀가 따뜻하게 지낼 수 있게 선물을 해 주려고 합니다. 소녀에게 주고 싶은 것들을 그려 보세요.

02 성냥을 켰어요

아이의 조그만 손은 이제 추위로 얼어 버렸습니다. 아이는 손가락이라도 녹이기 위해 성냥 한 개비를 벽에 치이익 그었습니다. 불이 확 붙었습니다. 아이는 불꽃 가까이 손을 갖다 댔습니다.

아이는 반짝반짝 빛나는 커다란 쇠 난로 앞에 앉아 있는 느낌이었습니다. 그런데 아이가 발도 조금 녹이려고 앞으로 뻗는 순간 불꽃이 꺼져 버렸습니다. 난로도 온데간데없이 사라져 버렸습니다. 아이는 타다 남은 성냥개비를 들고 앉아 있었습니다.

새 성냥을 그었습니다. 성냥은 밝게 빛나며 타올랐습니다. 그 빛이 닿자, 벽이 얇은 천처럼 투명하게 비치더니 방 안이 훤히 들여다보였습니다. 방 안 식탁에는 먹을 것이 차려져 있었습니다. 눈부시게 하얀 식탁보가 깔려 있고, 은은한 도자기 그릇들이 놓여 있었습니다. 자두와 사과로 속을 채운 먹음직스런 거위 구이에서는 김이 모락모락 피어오르고 있었습니다.

더 놀라운 일은, 등에 칼과 포크가 꽂힌 거위가 커다란 쟁반에서 뛰어내리더니 그대로 방을 빠져 나와 가엾은 여자 아이에게로 뒤뚱뒤뚱 걸어오는 것이었습니다. 그 순간 성냥불이 꺼지고, 다시금 두텁고 싸늘한 벽만 눈에 들어왔습니다.

아이는 세 번째 성냥을 그었습니다. 이번에는 아름다운 크리스마스 트리 밑에 앉아 있었습니다. 그 크리스마스 트리는 저번 크리스마스 축하 파티 때 부잣집 창 너머로 본 것보다 훨씬 크고 장식도 많이 달려 있었습니다.

1 소녀가 성냥을 켰을 때 어떤 일들이 있어났는지 순서대로 쓰고, 그런 일들이 일어났을 때 소녀의 기분이 어땠을지 써 보세요.

- 일어난 일 _____

  _____

- 소녀의 기분 _____

2 성냥이 꺼지고 나타났던 것들이 사라져 버렸을 때 소녀의 마음이 어땠을지 써 보세요.

_____

3 내가 소녀라면 성냥을 켰을 때 무엇이 나타나기를 바랄까요? 소녀가 되어 그것들을 그려 보세요.

03 하늘나라로!

하늘에서 별 하나가 긴 꼬리를 남기며 떨어졌습니다. 아이는 조그맣게 속삭였습니다.

"아, 지금 누가 죽었나 보다!"

이미 오래 전에 세상을 떠났지만 아이를 가장 아끼고 사랑해 준 할머니께서, 별똥별 하나가 떨어질 때마다 누군가의 영혼이 하느님께 올라간다고 하셨거든요.

아이는 한 번 더 성냥을 벽에 그었습니다. 주위가 환해졌습니다. 그 빛 속에 할머니가 다정하고 행복한 모습으로 서 있었습니다. 아이는 울먹이듯 외쳤습니다.

㉠"아, 할머니 절 데려가 주세요! 할머니도 사라져 버리실 거죠? 따뜻한 난로와 먹음직스런 거위구이와 크고 아름다운 크리스마스 트리처럼요……!"

아이는 남은 성냥을 모두 그었습니다. 할머니를 꼭 붙들어 둘 참이었습니다. 성냥불이 밝게 빛나 대낮처럼 환했습니다. 할머니는 무척 아름다워 보였습니다. 할머니는 아이를 품에 폭 안고 밝은 빛과 기쁨에 싸여 높이높이 올라갔습니다. 하늘나라에는 추위도, 굶주림도, 걱정도 없었습니다.

이튿날 아침, 아이는 붉은 뺨에 미소를 머금은 채 발견되었습니다. 새해의 해님이 죽은 성냥팔이 소녀 위로 떠올랐습니다. 아이는 다 타버린 성냥을 들고 있었습니다.

사람들은 말했습니다.

"몸을 녹이려 했던 모양이야."

아이가 얼마나 ⓒ아름다운 꿈을 꾸었는지는 아무도 알지 못했습니다.

1 ㉠부분으로 알 수 있는 소녀의 마음을 써 보세요.

---

2 ㉡의 소녀가 꾼 '아름다운 꿈'은 무엇인지, 그 꿈이 진짜로 아름답게 느껴지는지 친구들과 이야기해 보세요.

3 얼어 죽은 소녀에게 내 마음을 전하는 편지를 써 보세요.

한걸음더 | 성냥팔이 소녀, 꽃 파는 소녀 되다

한해의 마지막 날, 가족들과 오붓한 시간을 보내기 위해 집으로 가는 사람들, 파티 장소로 가는 사람들로 거리가 북적거렸어요. 그 때 한 소녀가 "성냥 사세요, 성냥 사세요."를 외치며 성냥을 팔았지만 아무도 성냥을 사지 않았어요.

"왜 아무도 성냥을 사지 않을까?"

그 때 손님들로 북적북적대는 케이크 가게가 보였어요.

"성냥은 안 팔리는데, 케이크는 잘 팔리네. 그래, 오늘은 사람들이 파티를 많이 하지? 그렇다면 성냥 말고 무엇을 파는 것이 좋을까?"

한참 생각한 소녀는 갖고 있던 성냥을 꽃과 바꾸었어요. 소녀는 꽃을 들고 케이크 가게 옆에 서서

"달콤한 케이크와 잘 어울리는 꽃 사세요. 받으면 두 배로 행복해지는 꽃 사세요."

그러자 케이크를 사 가지고 가던 사람들이 꽃을 한 다발씩 다 사 가는 것이었어요. 소녀가 가지고 있던 꽃은 금방 다 팔려 버렸어요. 소녀는 꽃을 팔아 생긴 돈으로 다시 꽃을 샀어요. 그런데 그 꽃도 다 팔리고 남지 않았어요. 남은 건 주머니에 두둑하게 담긴 돈이었지요.

행복해진 소녀는 케이크를 사 들고 집으로 가서 아버지와 작은 파티를 열었어요. 그렇게 행복한 밤이 가고 소녀는 밝은 새해 아침을 맞을 수 있었습니다.

1 아이들이 모여서 '원작 성냥팔이 소녀'와 '바뀐 성냥팔이 소녀' 중에서 어느 쪽이 더 마음에 드는지 이야기하고 있습니다. 다음 어린이들의 의견을 읽고, 내 생각을 써 보세요.

고은

> 나는 바뀐 성냥팔이 소녀가 더 마음에 들어. 왜냐 하면 성냥팔이 소녀가 적극적으로 행동하는 모습이 좋기 때문이야.

유준

> 나는 원작 성냥팔이 소녀가 더 좋아. 왜냐 하면 성냥팔이 소녀는 슬프지만 감동적인 이야기라고 생각하기 때문이야.

2 성냥팔이 소녀가 성냥이 아닌 꽃을 팔아 돈을 많이 벌게 되었어요. 여러분이 소녀라면 어떤 것을 팔고 싶은지, 그 이유와 함께 써 보세요.

안데르센과 성냥팔이 소녀

그날은 섣달 그믐이었다. 커튼을 젖히자, 세상은 온통 눈이었고 바람이 유리창을 두드려 댔다. 고향 오덴세로 가는 마차에 몸을 싣고 콧노래를 부르는 꿈을 꾸던 안데르센은 금방이라도 오덴세로 달려가고 싶은 마음으로 자리에서 일어났다.
"한스(안데르센의 이름)씨, 극장에 가실 거죠?"
"예."
마부의 질문에 짤막하게 대답하고, 마차에 올라탄 안데르센은 또 고향 생각에 잠겼다.
"극장 앞에 다 왔는뎁쇼."
"아, 예."
"그런데 저기 웬 사람들이죠?"
"……."
극장 앞에는 수많은 사람들이 웅성거리고 있었다.
"아이구, 불쌍도 해라. 저 어린 것이 얼어 죽었군. 쯧쯧쯧!"
모여든 사람들 사이를 헤집고 앞으로 나선 안데르센은 거기서 한 소녀를 보았다.
한구석에는 어린 소녀가 볼을 발그레 물들이고 입술에는 웃음을 띤 채 움츠리고 앉아 있었다. 아니, 죽어 있었다. 소녀의 두 손에는 타다 남은 성냥개비가 꼭 쥐어져 있었다.
"이 아이는 아마 성냥으로 몸을 녹이려 했나 봐!"
그 순간 안데르센은 가슴이 미어질 것 같았다.
"내가 고향으로 가는 달콤한 꿈에 젖어 있을 때 여기선 한 소녀가 죽어가고 있었구나. 아, 그런데 저렇게 평화로운 모습으로 미소를 짓고 있다니."
안데르센은 거리에서 죽은 어린 영혼을 위해 극장(극장은 안데르센의 일터였다)에 들어가 곧바로 펜을 들어 한 편의 동화를 써 내려갔다. 이렇게 태어난 작품이 바로 슬프면서도 아름다운 꿈이 담긴 '성냥팔이 소녀'이다.

말하기 · 듣기 · 읽기 – 재미있는 말놀이

말, 참 재미있다

내 눈으로 보는 교과서
01 말의 재미를 느껴 봐!
02 말의 리듬을 살려 봐!

뛰어넘자 교과서
소리내어 읽어 봐!

내 눈으로 보는 교과서 | 01 말의 재미를 느껴 봐!

학습 목표: 말의 재미를 느끼며, 말놀이를 할 수 있다.

강아지 눈동자는 까매

강아지 눈동자는 까매
까마면 연탄
연탄은 따뜻해
따뜻하면 군밤
군밤은 달어
달면 설탕
설탕은 녹아
녹으면 얼음
얼음은 딱딱해
딱딱하면 돌멩이

1 친구와 짝을 지어 '강아지 눈동자는 까매'를 읽어 보세요.

2 '강아지 눈동자는 까매' 처럼 재미있는 꽁지따기 놀이를 해 보세요.

① 딱딱하면 돌멩이 ⇨ 돌멩이는 (　　　) ⇨ (　　　)
　⇨ (　　　) ⇨ (　　　)

② 김치는 매워 ⇨ 매우면 (　　　) ⇨ (　　　)
　⇨ (　　　) ⇨ (　　　)

34

수학을 좋아하는 아이가 있어요. 이 아이는 무엇이든지 더하고 빼서 답을 내기 좋아하지요. 어느 날 수학을 좋아하는 그 아이가 계속 '으르렁으르렁' 짖어대는 개에게 밥을 주었더니 개가 조용해지는 것을 보았어요. 그리고는 다음과 같은 덧셈 문제를 만들었어요.

개 + 개밥 = 조용한 개

또 어느 날 쨱깍쨱깍 잘가던 시계에서 건전지를 뺐더니 시계가 멈춰 버린 것을 보았어요. 그래서 이런 빼기 문제가 만들어졌지요.

시계 - 건전지 = 고장난 시계

더하기 빼기는 숫자로만 하는 줄 알았는데, 글자로 더하기 빼기를 하니까 아주 재미있네요.

1 '개+개밥=조용한 개'라는 더하기 문제를 말로 풀어서 써 보세요.

_____

2 '시계-건전지=고장난 시계'에서 '고장난 시계' 대신 다른 답을 써 보세요.

_____

3 다음의 말 더하기, 말 빼기 놀이를 풀어 보세요.

① 머리카락 + 샴푸 = _____

② 고양이 + 생선 = _____

③ 물 + 세제 = _____

④ 어항 - 물 = _____

⑤ 냉장고 - 코드 = _____

02 말의 리듬을 살려 봐!

학습 목표 : 재미있는 동요로 말놀이를 할 수 있다.

옛날 옛적에,
뽕나무와 대나무와 참나무가 살았습니다.
하루는 뽕나무가 방귀를 '뽕' 하고 뀌니까
대나무가 [   ] 하고 혼을 내었습니다.
그러자 옆에 있던 참나무가
[   ] 하고 말을
하였답니다.

1 빈 칸에 알맞은 말을 넣어 봅시다.

2 다음 빈 칸에 알맞은 나무 이름을 넣어 보세요.

나무 나무 무슨 나무
가다 보니 가닥나무
오다 보니 오닥나무
따끔따끔 가시나무
바람 솔솔 소나무
입 맞추자 쪽나무
낮에 봐도 밤나무

⇨

나무 나무 무슨 나무
냄새 솔솔 (   )
자장 자장 (   )
데굴데굴 (   )
엉금엉금 (   )

꼬부랑 할머니

꼬부랑 할머니가
꼬부랑 지팡이를 짚고
꼬부랑 고개를 넘어가는데
꼬부랑 똥이 마려워서
꼬부랑 똥을 누는데
꼬부랑 개가 와서
꼬부랑 똥을 먹드래.
꼬부랑 할머니가
꼬부랑 지팡이로
꼬부랑 개를 탁 때리니까
꼬부랑 개가
"꼬부랑 깽 꼬부랑 깽"
하며 도망치더래.

1 꼬부랑 할머니를 '꼬' 자에 힘을 주어 읽어 보세요.

2 할머니가 꼬부랑 지팡이로 꼬부랑 개를 때리면서 무슨 말을 했을지 써 보세요.

기럭아 참새야

기럭아 기럭아
어데 가니?
한강 간다.
무엇 하러 가니?
새끼 치러 간다.
몇 마리 쳤니?
여덟 마리 쳤다.
나 한 마리 다고

참새야 참새야
너 어디 가니?
순희네 지붕에
알 낳으러 가네.
나 한 알 주렴아
지져 먹고 볶아 먹고
포드등

3 기러기와 참새가 되어 질문에 답해 보세요.

기럭아 기럭아 어데 가니?   (   )

무엇하러 가니?   (   )

참새야 참새야 어데 가니?   (   )

무엇하러 가니?   (   )

4 〈보기〉처럼 말 주고받기 놀이를 해 보세요.

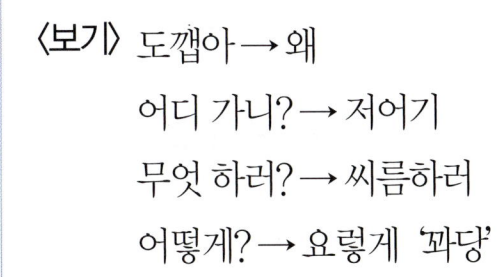

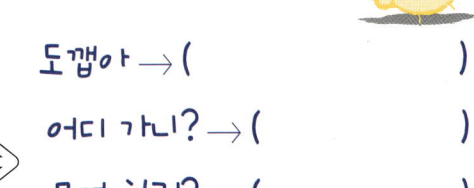

소리내어 읽어 봐!

별 노래

별 하나 뚝 따 불에 구워
툭툭 털어 주머니에 넣고
별 둘 뚝 따 불에 구워
툭툭 털어 주머니에 넣고

별 셋 뚝 따 행주로 닦아
데그르르 망태에 넣고
별 넷 뚝 따 행주로 닦아
데그르르 망태에 넣고

별 다섯 똑 따 종지에 담아
왈그락 달그락 솥 안에 넣고
별 여섯 똑 따 종지에 담아
왈그락 달그락 솥 안에 넣고
야- 다 땄다.

1 위 시를 리듬을 살려 읽어 보세요.

2 위 시를 보고, 다음 빈 곳을 재미있게 채워 보세요.

별 일곱 똑 따 _____

별 여덟 똑 따 _____

3 전래동요 '밤 한 톨'에서 지워진 부분을 채워 넣고 소리내어 읽어 보세요.

밤 한 톨

굴러 나왔다. ▢▢▢▢ 굴러 나왔다.
무엇이 굴러 나왔나? 밤 한 톨 굴러 나왔다.

▢▢▢▢ 굴러 나왔니? 낮잠 주무시는 할아버지
▢▢▢▢ 속에서 굴러 나왔다.

무얼 할까? ▢▢▢▢
어디다 굴까? ▢▢▢▢

썰썰 끓거든 ▢▢▢▢ 불어서
나하고 너하고 ▢▢▢▢

아무도 모르게 달궁달궁 호호 정말

밤 한 톨 ▢▢▢▢ 한 톨
▢▢▢▢ 떠들지 마라.
할아버지 낮잠 깨실라.

간장 공장 공@#$

다음 말을 빠르게 따라해 보세요.

① 간장 공장 공장장은 강 공장장이고, 된장 공장 공장장은 공 공장장이다.

② 저 분은 백 법학박사이고 이 분은 박 법학박사이다.

③ 작년에 온 솥 장수는 새 솥 장수이고, 금년에 온 솥 장수는 헌 솥 장수이다.

④ 상표 붙은 큰 깡통은 깐 깡통인가? 안 깐 깡통인가?

⑤ 저기 저 뜀틀이 내가 뛸 뜀틀인가? 내가 안 뛸 뜀틀인가?

⑥ 내가 그린 기린 그림은 긴 기린 그림이고, 네가 그린 기린 그림은 안 긴 기린 그림이다.

⑦ 멍멍이네 꿀꿀이는 멍멍해도 꿀꿀하고, 꿀꿀이네 멍멍이는 꿀꿀해도 멍멍한다.

⑧ 내가 그린 구름그림은 새털구름 그린 구름 그림이고, 네가 그린 구름 그림은 깃털구름 그린 구름그림이다.

⑨ 앞 집 팥죽은 붉은 팥 풋 팥죽이고, 뒷 집 콩죽은 햇콩 단콩 콩죽, 우리 집 깨죽은 검은깨 깨죽인데, 사람들은 햇콩 단콩 콩죽 깨죽 죽먹기를 싫어하더라.

⑩ 앞뜰에 있는 말뚝이 말 맬 말뚝이냐? 말 안 맬 말뚝이냐?

바른생활 - 6단원 나라 사랑

영재클리닉

우리 나라가 보여요!

위성에서 본 우리 나라의 모습입니다.

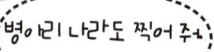

내 눈으로 보는 교과서
태극기는 우리 나라의 얼굴

Step by Step
01 피고 지고 또 피는 무궁화
02 우리 나라는 말야~
03 외국에서 본 우리 나라
04 태극기를 달아요!

영재 plus
우리 나라를 응원해요!

태극기는 우리 나라의 얼굴

바른생활 76~83쪽 | 학습 목표 : 태극기의 의미를 알 수 있다.

태극기는 지구상의 단 하나뿐인 대한민국의 국기로 우리 나라의 국민정신을 표현해 놓은 상징물입니다.

흰색바탕 — 평화를 사랑하는 마음   빨강과 파랑 — 우주의 조화

건(☰) — 하늘   곤(☷) — 땅   감(☵) — 달   이(☲) — 해

1 태극기에는 어떤 의미가 담겨져 있는지 모두 써 보세요.

_____

2 우리 나라 선수들이 외국과 경기를 할 때 가슴에 태극기를 다는 이유는 무엇일까요?

홍승우, 『비빔툰』 중에서

3 어머니는 우리 나라 국기가 그리기 어려운 이유가 무엇이라고 말하였나요?

_____

4 다운이가 '우리 나라보다 강한 나라가 많다'고 말한 이유는 무엇일까요?

_____

5 어떤 나라가 '강한 나라'라고 생각하는지 내 생각을 써 보세요.

_____

Step by Step
우리 나라가 보여요!

01 피고 지고 또 피는 무궁화

아침

저녁

무궁화는 고조선 시대 이전부터 우리 나라에 많이 자라던 식물이에요. 우리 조상들은 다른 꽃나무와 달리 100일 가까이 꽃을 피우는 무궁화를 사랑했지요. 오래도록 변치 않고 아름다움을 누리는 꽃이라고요. 무궁화 꽃은 같은 꽃이 100일 내내 피는 것이 아니라, 새 꽃이 피고 지고 또 피는 거랍니다. 게다가 무궁화는 아무리 진딧물이 많이 생겨도 끄떡없답니다. 마치 나라 잃은 어려움까지 꿋꿋이 이겨 낸 우리 민족과 비슷하지요.

1 무궁화가 우리 나라를 상징하는 꽃이 된 이유가 무엇이라고 생각하는지 써 보세요.

2 무궁화가 어떤 꽃이라고 생각하는지 내 생각을 자유롭게 써 보세요.

02 우리 나라는 말야~

　안녕! 나는 대한민국에 살고 있는 권솔이라고 해. 아버지께서 다른 나라에 살고 있는 사람들에게 우리 나라를 소개하는 일을 하시거든. 그래서 나도 이렇게 편지를 쓰게 되었어.

　난 우리 나라가 좋아. 우선 봄, 여름, 가을, 겨울 이렇게 사계절이 있어서 산과 들의 색깔이 달라지는 것도, 다양한 야채와 과일을 먹을 수 있는 것도 참 좋아. 그리고 우리 나라 말이 좋아. 우리 나라 말은 노란색 한 가지를 표현하는 말이 열 가지도 넘는단다. 또 동글동글한 우리 나라 사람들 얼굴도 좋아. 참 산과 바다가 많은 건 정말 마음에 들어.

　내가 살고 있는 곳은 대한민국에서 사람들이 가장 많이 사는 서울이야. 사람도 많고 차도 많고 회사도 많고 집도 많은 곳이야. 서울은 가 볼 곳이 아주 많지.

　만약 네가 놀러 온다면 함께 역사박물관에 가서 우리 나라 사람들이 살아 온 모습을 보여 주고, 한옥마을에 가서 옛 건축물과 옛날에 사람들이 살았던 집을 보고, 인사동에 가서 옛 물건들을 보여 주고 싶어. 그 다음은 우리 집에 가서 김치와 김, 된장찌개에 밥을 먹고, 롯데월드에 가서 재미있는 놀이 기구를 탔으면 좋겠어.

　네가 이 편지를 읽고 우리 나라에 여행 오고 싶어지면 좋겠다. 그럼 언젠가 만날 날을 상상하며, 안녕.

햇빛이 따사롭게 내리쬐는 가을에
권솔

1 솔이는 우리 나라의 어떤 점이 좋다고 했나요?

_____

_____

2 권솔은 외국 친구와 무엇을 하고 싶다고 했는지 그림을 보고 정리해 보세요.

3 나는 외국 친구에게 우리 나라의 어떤 것들을 보여 주고 싶은지, 왜 그것을 보여 주고 싶은지 써 보세요.

_____

_____

03 외국에서 본 우리 나라

안녕, 난 이탈리아 로마에 살고 있는 까를로라고 해. 오늘 학교에서 권솔의 편지를 받았어. 아주 기분이 좋았고 한국이라는 나라에 가 보고 싶다는 생각이 들었어.

내가 살고 있는 로마에는 많은 문화유적이 있어. 그래서 외국 관광객들이 정말 많이 와. 로마 사람들은 오래된 건물이나 유적지들이 무너질까 봐 걱정을 하고 지키려고 노력해. 그래서 로마에는 새 것보다 오래된 것들이 더 많아. 한국에도 오래된 것들이 많이 있니?

우리 어머니께서 한국은 축구를 좋아하고, 마늘과 김치를 많이 먹고, 빨간색을 좋아하는 열정적인 사람들이 사는 나라라고 말씀해 주셨어. 인터넷에서 빨간색 옷을 입고 축구 선수들을 응원하는 사진을 보았는데, 한국 사람들은 정말 빨간색을 좋아하니?

빨리 널 만나서 역사박물관에도 가고 한옥마을도 가고 싶어. 그리고 한강이 너무 보고 싶어. 사진에서 본 한강은 정말 멋있어 보였거든. 만날 때까지 건강하게 지내. 안녕.

로마에서 마자노 까를로 씀

1 까를로의 어머니는 한국이 어떤 나라라고 말하였나요?

_____

2 까를로를 만난다면 우리 나라는 어떤 나라라고 설명해 주고 싶은지 이야기해 보세요.

04 태극기를 달아요!

나라마다 국경일이 있습니다. 국경일은 국가적인 경사를 온 국민이 축하하는 날이지요. 국경일에는 집집마다 태극기를 달고 그 날의 의미를 생각합니다.

우리 나라의 국경일에는 3·1절(3월 1일), 제헌절(7월 17일), 광복절(8월 15일), 개천절(10월 3일)이 있습니다. 3·1절은 우리 나라가 일본에 나라를 빼앗겼을 때 나라를 되찾기 위해 만세 운동을 한 날, 제헌절은 1948년 7월 17일에 우리 나라 헌법을 만든 것을 기념하는 날, 광복절은 1945년 일본으로부터 나라를 되찾고 대한민국 정부가 만들어진 날입니다. 그리고 개천절은 단군이 민족국가인 단군조선을 세운 것을 기념하는 날입니다.

1 우리 나라의 국경일과 날짜를 정확하게 써 보세요.

___

___

2 3·1절, 재헌절, 광복절, 개천절과 같은 날에 꼭 해야 할 일은 무엇일까요?

___

___

3 나라를 사랑하는 마음으로 내가 할 수 있는 일에는 어떤 것들이 있는지 써 보세요.

_____

_____

4 국경일 외에도 여러 기념일이 있습니다. 어떤 기념일이 있고 무엇을 기념하는 날인지 써 보세요.

_____

_____

영재plus 우리 나라를 응원해요!

1 늘 지는 팀을 응원하던 엄마가 지는 팀을 응원하지 않고 우리 나라를 응원한 이유는 무엇일까요?

_____

_____

2 우리 나라와 다른 나라가 운동 경기를 할 때 우리 나라를 응원하게 되는 이유는 무엇일까요?

_____

_____

말하기·듣기·읽기 – 인물들이 한 말과 한 일 찾기

무슨 일이 일어났나요?

내 눈으로 보는 교과서
한 말과 한 일을 찾아보아요!

뛰어넘자 교과서
안과에서 무슨 일이?

교과서 Plus
나귀에게 무슨 일이?

01 한 말과 한 일을 찾아보아요!

학습 목표 : 1) 인물이 한 말과 한 일을 찾을 수 있다. 2) 인물이 한 말을 통해 인물의 성격을 파악할 수 있다.

구멍난 그릇

어느 날, 동물 나라 임금이 돼지와 토끼와 사슴한테 흙을 주며 말하였습니다.

"얘들아, 이 흙은 아픈 상처를 치료할 수 있는 신기한 흙이란다. 이 신기한 흙으로 그릇을 빚어 주지 않겠니? 가장 아름다운 그릇을 빚어 주면 상을 주마."

동물들은 이튿날부터 열심히 그릇을 빚기 시작하였습니다. 그리고 그릇을 다 빚자 임금에게 가지고 갔습니다. 누가 상을 받는지 보려고 다른 동물들도 함께 갔습니다.

임금은 그릇들을 찬찬히 살펴보았습니다. 그러다가 사슴이 만든 그릇을 보고 고개를 갸우뚱하였습니다. 이 모습을 본 아기다람쥐가 웃으며 말하였습니다.

"하하하, 구멍난 그릇이야. 바닥에 구멍이 뻥 뚫렸잖아?"

모두 웃음을 터뜨렸습니다.

"사슴아, 너는 어찌하여 구멍난 그릇을 빚었느냐?"

"임금님, 저는 친구를 도와 주고 싶었습니다."

사슴이 고개를 숙이며 대답하였습니다. 그 때 염소가 앞으로 나서며 말하였습니다.

"임금님, 저는 다리를 다쳐서 보름 동안이나 꼼짝을 못 하였습니다. 이 소식을 들은 사슴이 자기가 빚던 그릇의 바닥을 떼어 저에게 가지고 왔습니다. 그리고 제 아픈 다리에 발라 주었습니다. 그래서 사슴의 그릇에 구멍이 생겼습니다."

염소의 말을 듣고, 임금은 매우 기뻐하였습니다. 그리고 사슴한테 큰 상을 내렸습니다.

1 다음 인물들이 한 말을 통해 알 수 있는 인물의 성격을 써 보세요.

2 그림을 보고 인물이 한 일을 정리해 보세요.

1 아이는 무엇을 고민하고 있었나요?

___

2 아빠는 "만일 너에게 사과 두 개가 있는데, 엄마가 세 개를 더 주신다면, 답은 뭐겠니?"라고 물었을 때, 아이가 무엇이라고 대답하기를 바랐나요?

___

3 아이는 왜 '고맙습니다.'라고 답을 했을까요?

___

자우의 라디오

자우네 옆집에 살고 있는 찬욱이가 자우를 찾아 왔다.
"자우야, 오늘밤 너의 라디오 좀 빌릴 수 있을까?"
"그래 빌려 줄게. 음악을 듣고 싶은가 보구나?"
자우가 물었습니다.
"아니. 오늘 밤에는 네 라디오에서 나오는 음악 소리를 듣지 않고 자고 싶어서 그래."

4 찬욱이가 자우를 찾아온 이유는 무엇인가요?

5 찬욱이가 라디오를 빌리러 온 진짜 이유를 알게 된 뒤에 자우는 어떤 말을 했을까요?

6 윗글을 읽고 자우가 평소에 어떤 일을 했을지 상상해서 써 보세요.

안과에서 무슨 일이?

　　세찬이가 시력검사를 받기 위해 어머니와 함께 안과에 갔다. 안과 의사는 세찬이에게 앉아서 글자판을 보라고 말했다.
　"자, 맨 위의 글자를 읽을 수 있나요?"
　의사가 말했다.
　"아니오."
　세찬이가 대답했다. 안과 의사는 글자판을 더 가까이 가져갔다.
　"이제 읽을 수 있어요?"
　"아니오."
　의사는 글자판을 더 가까이 가져갔다.
　"이제는 읽을 수 있습니까?"
　"아니오."
　세찬이는 계속 아니라고 대답했고 의사는 심각한 표정으로 말했다.
　"오, 어머니. 이 아이가 아주 심각합니다."
　"왜요?"
　"아이가 저 위에 있는 큰 글씨도 읽지를 못하는데요."
　"아, 이 아이는 아직 글자를 읽을 줄 모른답니다."
　어머니는 웃으며 대답했고 의사는 세찬이에게

|　　　　　　　　　　　　　　　　|

라고 말했다.

1 세찬이가 계속 '아니오'라고 말한 까닭은 무엇인가요?

2 안과의사는 무엇이 심각하다고 말한 것인가요?

3 안과의사가 세찬이에게 무엇이라고 말하였을까요? 빈 곳에 들어갈 내용을 써 보세요.

4 안과에서 일어난 일을 정리해서 써 보세요.

나귀에게 무슨 일이?

가을이 되자 사방에서 귀뚜라미 소리가 아름답게 들려 왔다.

"아, 정말 듣기 좋구나! 나도 귀뚜라미처럼 아름다운 목소리를 가졌으면 얼마나 좋을까?"

나귀는 눈을 감고 귀뚜라미 소리를 감상했다. 나귀는 귀뚜라미 소리를 들을 때마다 아름다운 귀뚜라미의 목소리를 닮는 것이 소원이었다.

어느 날, 나귀는 귀뚜라미를 찾아가 그 비결을 알아보기로 했다.

"넌 도대체 무얼 먹길래 그렇게 아름다운 소리를 낼 수 있니?"

그러자 귀뚜라미가 말했다.

"나귀님, 저는 풀잎의 이슬을 먹고 산답니다."

다음날부터 나귀는 귀뚜라미처럼 풀잎의 이슬만 받아먹었다. 그리고 어서 빨리 귀뚜라미처럼 아름다운 목소리를 갖게 되기를 바랐다.

그러나 며칠이 지나도 귀뚜라미 소리는 나오지 않고 몸만 점점 야위어갔다. 그렇지만 나귀는 배고픔도 참고 조금만 더 조금만 더 하며 여전히 풀잎의 이슬만 받아먹었다.

나귀의 몸은 점점 볼품없이 비쩍 말라 갔다.

1 나귀는 왜 이슬만 먹기 시작했나요?

_____

2 나귀는 왜 귀뚜라미처럼 아름다운 목소리를 가지고 싶어한 것일까요? 마음껏 상상해서 써 보세요.

_____

_____

3 계속 이슬만 받아먹은 나귀는 결국 어떻게 되었을까요? ㉠부분에 들어갈 내용을 상상해서 써 보세요.

_____

_____

_____

기차에 무슨 일이 일어났다

　약 100년 전에 보헤미아의 작은 마을에 한 젊은이가 있었다. 그는 근처의 도시에서 일을 했다. 그는 매일 기차를 타고 출근을 했다. 사람들은 그 기차가 너무 느리다고 불평을 했다. 그러나 이 젊은이는 그러지 않았다. 그는 눈을 감고 레일 위로 지나가는 바퀴 소리를 듣는 것이 좋았다. 그는 바퀴가 노래를 부르고 있다고 생각했다.

　어느 날 저녁 그는 기차에서 바퀴 소리를 들으며 앉아 있었다. 그 때 갑자기 그는 소리가 좀 이상하다고 생각했다. "뭔가 잘못 됐어."라고 그 젊은이는 혼자 말했다. 그는 벌떡 일어나 "기차를 멈추시오."라고 소리쳤다. "기차를 멈춰요. 위험해요."

　기차에 타고 있던 사람들은 그 젊은이가 이상하다고 생각했다. 그때 한 사람이 그에게 다가와 "뭐라구요? 당신이 어떻게 알죠?"라고 물었다. "바퀴 소리를 듣고 알지요."라고 젊은이는 대답했다.

　기차가 천천히 멈췄다. 곧 어떤 사람이 소식을 가지고 달려왔다. 그 젊은이가 옳았다. 기차 바로 앞에서 레일이 끊겨 있었던 것이다.

　이 젊은이는 나중에 위대한 작곡가가 되었다. 그의 이름은 안토닌 드보르작이었다.

슬기로운 생활 - 4단원 우리들의 겨울맞이

겨울이 되면?

영재클리닉 02

벙어리장갑?
손가락장갑?

벙어리장갑이 따뜻할까요? 손가락장갑이 따뜻할까요?

내 눈으로 보는 교과서

겨울맞이는 이렇게

Step by Step

01 졸려, 나 건드리지 마!
02 벌레들이 사라졌어요
03 겨울눈은 나무의 털옷
04 옛날에는 겨울이 더 추웠다는데…

영재 Plus

가자, 북극으로!

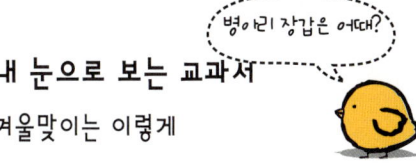

병아리 장갑은 어때?

내 눈으로 보는 교과서

겨울맞이는 이렇게

슬기로운 생활 56~63쪽 | 학습 목표 : 겨울을 맞기 위해 준비해야 할 것을 알 수 있다.

1 학교에서는 겨울을 맞기 위해 어떤 준비를 하는지 써 보세요.

2 집에서는 겨울을 맞기 위해 어떤 준비를 하는지 써 보세요.

Step by Step
겨울이 되면?

01 졸려, 나 건드리지 마!

"난 잠을 자는 게 아니구 명상을 하는 거라구. 5개월 째."
〈곰〉

"내 몸엔 겨울잠을 잘 때 피와 세포가 얼지 않게 하는 액체가 흐르지."
〈개구리〉

"난 가을부터 많이 먹어서 지방으로 저장을 해 두었지."
〈박쥐〉

"나는 자다가 일어나서 도토리 먹고 또 잔다."
〈다람쥐〉

1 동물들이 겨울잠을 자는 이유는 무엇일까요?

_____

2 동물들은 겨울잠을 자기 전에 어떤 준비를 할까요?

_____

3 겨울잠을 자고 있는 동물을 깨우면 어떤 일이 일어날지 친구들과 이야기해 보세요.

02 벌레들이 사라졌어요

1 겨울이 되면 벌레들을 볼 수 없는 이유는 무엇인가요?

_____

2 다음 벌레들은 어떻게 겨울을 보내는지 써 보세요.

〈사마귀 알 주머니〉

〈나방의 애벌레〉

03 겨울눈은 나무의 털옷

〈겨울나무〉　　〈겨울눈〉

〈여러 나무의 겨울눈을 가까이에서 카메라로 찍은 사진〉

 소나무와 같은 늘푸른 나무는 겨울에도 잎이 있지만 대부분의 나무는 겨울이 되면 잎을 모두 떨어뜨립니다. 잎이 떨어진 자리에는 겨울눈이 생겨납니다.

 잎이나 꽃이 될 여린 부분은 겨울눈 속에 숨어 있습니다. 우리가 코트를 입듯 단단한 껍질에 싸여 겨울을 납니다. 봄이 되면 이 눈이 자라서 잎과 꽃을 피우게 됩니다.

1 겨울눈이 하는 일은 무엇인가요?

---

2 봄이 되면 어떻게 되나요?

---

3 겨울눈을 본 경험이 있다면 이야기해 보세요.

04 옛날에는 겨울이 더 추웠다는데…

옛날에는 한 겨울에도 개울이나 우물가에서 빨래를 했다.

옛날에는 땅을 파서 독을 묻고 그 안에 김장 김치를 넣어 두었다.

시래기는 무 잎을 따서 그늘에 말린 것이다. 국이나 나물을 해 먹으면 영양 만점이다.

산에서 나무를 해다가 나무를 때서 방을 따뜻하게 했다.

1 왜 독을 땅에 묻고, 그 속에 김치를 보관했을까요?

2 시래기와 같이 나물들을 말려 놓은 이유는 무엇일까요?

3 다음 그림을 보고 옛날과 오늘날의 먹거리가 어떻게 달라졌는지 비교해 보세요.

옛날에는~

오늘날에는~

4 옛날 겨울은 지금보다 더 추웠다고 합니다. 왜 옛날이 더 추웠을지 친구들과 이야기해 보세요.

영재 plus 가자, 북극으로!

1 남자아이가 겨울이 싫다고 한 이유는 무엇인가요?

2 북극이나 남극에 사는 사람들이 감기에 걸리지 않는 이유를 무엇이라고 했나요?

쓰기 – 넷째 마당 바르게 전해요

논술클리닉

자세하게 설명해 봐!

이 사진은 명탐정 셜록 홈즈의 박물관에서 찍은 물건입니다. 어떤 물건인지 자세히 설명해 보세요.

내눈으로 보는 교과서
사진 보고 설명해요

논술에너지를 쌓아라
01 길을 쉽게 설명해요!
02 그림을 그리듯 설명해요!
03 아하, 그렇구나!
04 닮은 점을 찾아 설명해요!

신나는 논술
무엇이 닮았나요?

설명해 볼까~

사진 보고 설명해요

학습 목표: 사진을 자세하게 설명할 수 있다.

> 내가 일곱 살 때 찍은 사진이다. 나는 그 때 유람선을 처음 타 보았다. 사진은 유람선 위에서 찍었다. 할머니, 할아버지, 아버지, 나, 형, 동생이 함께 찍었다. 맨 앞에서 웃고 있는 아이가 바로 나다. 어머니께서 찍으셨다.

1 영훈이가 쓴 글을 읽고, 사진에 대해 알게 된 내용을 정리해 봅시다.

언제 찍은 사진인가요?	
어디에서 찍은 사진인가요?	
누구와 함께 찍은 사진인가요?	
사진은 누가 찍었나요?	

2 위의 사진을 더 자세하게 설명해 봅시다.

자세하게 설명해 봐!

01 길을 쉽게 설명해요!

1 다음 그림을 보고 아저씨께서 '튼튼한 이 치과'를 찾을 수 있도록 가는 길을 쉽고 자세하게 설명해 보세요.

_____

_____

_____

02 그림을 그리듯 설명해요!

이곳은 내 방이다. 여기에는 침대 하나, 책상 하나, 의자 하나 그리고 책장이 하나 있다. 침대 위로 창문이 있고, 창문 앞쪽에 파란색 커튼이 쳐져 있다. 침대 위에는 베개가 두 개 있다. 침대 옆에 책상이 있는데 그 위에는 램프와 자명종 시계가 있다. 침대 맞은편에 갈색 의자가 있고, 의자 뒤에는 책들로 가득 차 있는 높은 책장이 있다. 그리고 창문 옆에 액자가 한 개 걸려 있다.

1 설명과 다른 부분을 찾아 ○표 하고, 무엇이 어떻게 다른지 말해 보세요.

2 다음 설명에 알맞은 그림 조각을 찾아 줄로 이어 보세요.

(1) 　이것은 내가 바다에 처음 가서 찍은 사진입니다. 파란 바다에 파도가 치고 있고, 어른들 몇 명이 공놀이를 하고 있습니다. 그리고 나는 그 사람들 앞에서 사진을 찍으려고 손으로 V자를 그리고 서 있습니다.

(2) 　이것은 유치원 운동회 때의 사진입니다. 나와 엄마가 발을 묶고 1등으로 달리고 있고, 옆에서 내 친구들도 엄마와 발을 묶고 달리기를 하고 있습니다. 그리고 앞에서는 선생님께서 빨리 달리라고 손뼉을 치고 계십니다.

3 다음 사진을 보고 자세하게 설명해 보세요.

03 아하, 그렇구나!

오늘 외삼촌이 오셨는데, 병 안에 커다란 배가 통째로 들어 있는 배술을 가지고 오셨다. 배가 들어가기에는 입구가 무척 좁은 병이었는데, 배가 어떻게 그 안에 들어갈 수 있었는지 신기했다.

"외삼촌, 배가 어떻게 병 안에 들어갔나요?"

"신기하지? 경민이 생각에는 배를 어떻게 이 안에 넣었을 것 같니?"

"병 만드는 곳에 가서 배 크기에 맞게 병을 맞추었을 것 같아요."

"허허, 삼촌은 그 방법은 생각을 못했고 다른 방법으로 넣었지. 사실은 배가 아주 조그만 할 때 병 안에 배를 넣고 나뭇가지와 병을 떨어지지 않게 꼭 묶어 준단다. 그렇게 배가 병 안에서 자라도록 한 뒤에 배가 다 익었을 때 꼭지를 따서 병 안에 넣은 거란다."

"아하, 그렇구나."

"사실을 알고 나니까 그렇게 어려운 방법은 아니지?"

"네."

나는 외삼촌께서 쉽게 설명해 주셔서 금방 이해가 되었다.

1 외삼촌은 경민이에게 무엇을 설명해 주었나요?

_____

2 다음 그림을 보고, 배를 병 안에 넣는 방법을 차례대로 설명하는 글을 써 보세요.

①

_____

②

_____

③

_____

④

_____

04 닮은 점을 찾아 설명해요!

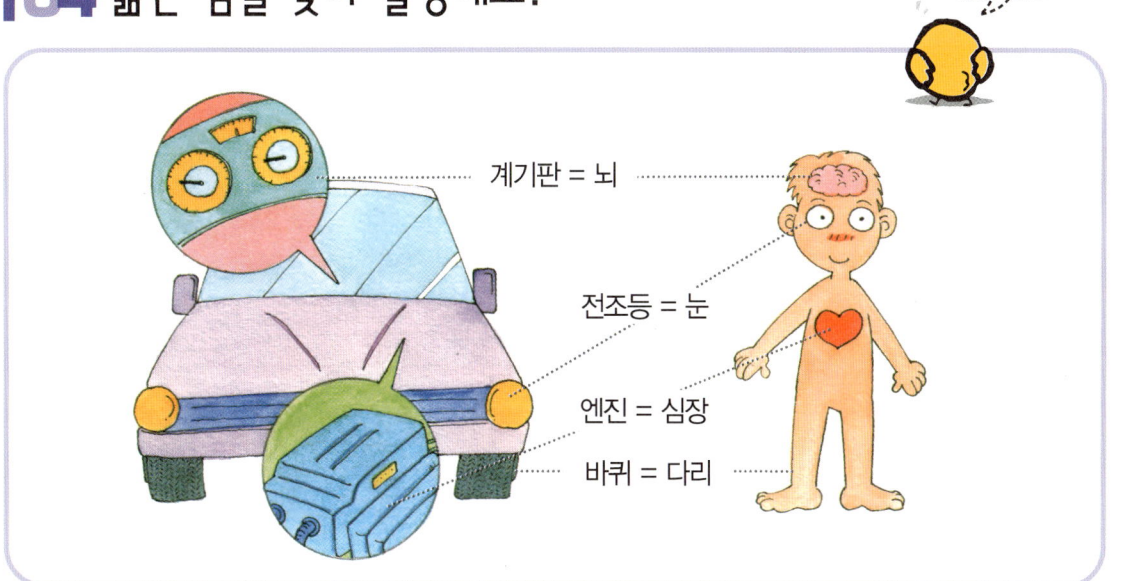

1 위 그림을 보고 자동차의 무엇과 사람의 무엇이 서로 닮았는지 써 보세요.

_____

_____

2 다음 그림을 보고, 빈 칸에 알맞은 말을 넣어 자동차와 사람의 비슷한 점을 설명해 보세요.

사람은 _____

_____ 살 수 없어요.

사람은 _____

_____ 아픈 데가 생겨요.

신나는 본습 | 무엇이 닮았나요?

※ 사람과 자동차가 닮은 점을 찾아 쉽고 자세하게 설명해 보세요.

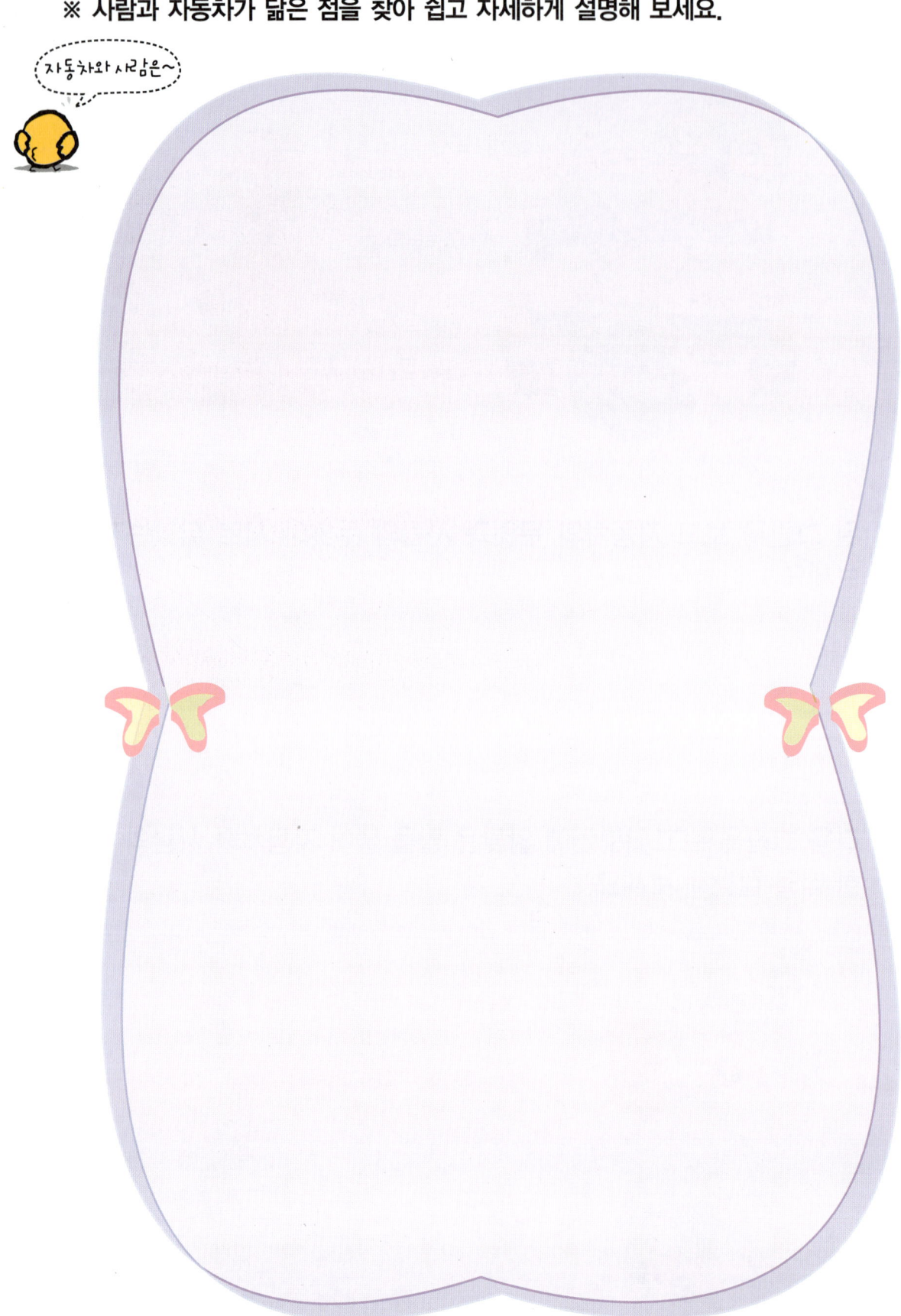

※ 들어가기 전에 – 이 책은 다양한 개성적인 반응과 답변을 유도하는 데 목적이 있으므로, 단 하나의 유일한 정답이 없는 문항들도 많습니다. 그러므로 〈정답의 방향〉을 가늠하는 참고 자료로 활용해 주시기 바랍니다.

week 01 발상사고혁명
보이는 건 1개 생각은 100가지
05 쪽

다양한 사고를 하자

01 다르게 사용해 봐!

G·U·I·D·E 하나의 물건을 본래의 용도 이외에 다른 용도로 사용하는 방법을 생각해 봅니다.

1 커피를 타 먹는 용도 / 마시는 용도

2 향을 내는 용도

3 커피에서 좋은 향이 나기 때문에 / 사람들이 커피 향을 좋아하기 때문에

4 ① 본래의 용도 – 사람들이 앉는다.
이렇게도 이용할 수 있다. – 화분을 올려 놓는다. / 옷을 걸어 놓는다. / 장식용으로 사용한다. 운동할 때 사용한다.
② 본래의 용도 – 음식의 단 맛을 낸다.
이렇게도 이용할 수 있다. – 몸에 바르는 마사지용으로 사용한다. / 투명한 병에 넣어 장식용으로 사용한다. / 녹여서 인형을 만든다.
③ 본래의 용도 – 다양한 정보를 얻는다.
이렇게도 이용할 수 있다. – 벽에 바르는 벽지로 사용한다. / 추울 때 덮는다. / 비올 때 우산 대신 사용한다. / 포장지로 사용한다. / 옷을 만들어 입는다.
④ 본래의 용도 – 물이나 음료수를 담아 먹는다.
이렇게도 이용할 수 있다. – 인형을 만든다. / 고깔모자를 만든다. / 바닥에 구멍을 뚫어 작은 화분을 만든다.

02 작게! 얇게! 짧게!

G·U·I·D·E 큰 물건을 작게 만든 이유를 생각하고, 작게 만들었을 때 좋은 점을 생각해 봅니다.

1 들고 다니기가 편해졌다. / 이동이 쉬워졌다. / 디자인이 예쁘다.

2 작은 화장실을 만들고 싶다. 차안에 넣고 다니면서 먼 곳에 여행갈 때 사용하면 편리하기 때문이다. / 아주 작은 쓰레기통을 만들고 싶다. 길을 가다가 쓰레기통이 없을 때 사용하면 좋기 때문이다.

03 거꾸로! 반대로!

G·U·I·D·E 사람들이 생각하고 있는 것과 반대로 생각함으로써 좋은 발명품이 나온다는 것을 알 수 있습니다.

1 발에 신는 양말을 손에 끼우면 따뜻하고 예쁠 거라고 생각한 사람이 벙어리장갑을 발명했을 것이다, 손가락장갑처럼 양말도 발가락을 끼워서 신으면 좋을 거라고 생각한 사람이 발가락 양말

을 발명했을 것이다.

2 발가락 양말 – 발가락과 발가락이 닿지 않고 떨어지기 때문에 바람이 잘 통해서 무좀에 걸리지 않는다. / 발가락을 끼워서 신는 신발을 신을 때 편리하다. 벙어리 장갑 – 손가락을 모아 주어 더 따뜻하다. / 모양이 예쁘다.

04 재료를 바꿔! 바꿔!

G·U·I·D·E 휴그 무어라는 사람이 종이컵을 발명하게 된 과정을 통해 물건의 재료를 바꿔 주는 것이 획기적인 발명품이 되기도 한다는 것을 생각해 봅니다.

1 도자기로 만든 컵이 잘 깨졌기 때문에

2 옷을 책으로 만들고 싶다. 옷을 책으로 만들면 심심할 때마다 읽을 수 있어서 좋을 것이다. / 벽지를 꽃잎으로 만들고 싶다. 꽃잎으로 만든 벽지를 바르면 꽃 향기가 나기 때문에 좋을 것이다.

발상 plus
구멍을 뚫어라!

G·U·I·D·E 각설탕 포장지, 우표, 주전자 뚜껑에 구멍을 뚫은 이유를 생각해 봅니다.

1 공기가 드나들어 설탕에 습기가 차지 않게 해 주었다.

2 우표의 구멍 : 우표가 쉽게 뜯어지게 하기 위해서
주전자 뚜껑의 구멍 : 수증기가 빠져나가 뚜껑이 덜커덩거리지 않게 하기 위해서

---

week 02
교과서 논술 01
이야기를 읽고 상상해요
13 쪽

내 눈으로 보는 교과서
01 짧은 이야기를 만들어요

G·U·I·D·E 이야기를 읽고 다양한 상상을 해 봅니다.

1 아이, 달콤해, 아! 너무 가벼워.

2 ・앗! 차가워 / 아이 추워 / 얼음물이다 얼음물
・못생긴 개구리다. / 저렇게 못생긴 개구리가 있다니

열린교과서

1 '난 잘생겼어. 어쩜 이렇게 멋있지?' 라고 말하고 싶다. 그러면 정말로 잘생겨질 것 같기 때문이다. '내 동생은 정말 착해.' 라고 말하고 싶다. 그러면 동생이 정말로 착해질 것 같기 때문이다.

열린교과서

G·U·I·D·E 그림을 보고, 시간 순서대로 내용을 정리하고, 주인공의 마음을 이해해 봅니다.

1 외투를 고칠 수 없으니 새 외투를 사라는 말을 듣는다, 새 외투를 사다, 불쌍한 할아버지에게 외투를 벗어 준다.

2 드릴 게 이것밖에 없네요. / 이거 입으면 조금 따뜻할 거예요.

3 나는 주인공이 자기보다 더 추운 할아버지에게 외투를 벗어준 것은 잘 한 일이라고 생각합니다. 만약 외투를 벗어주지 않았다면 할아버지는 얼어 죽었을지도 모르기 때문입니다. / 나는 주인공이 새로 산 외투를 할아버지에게 준 것은 어리석은 행동이라고 생각합니다. 다른 사람도 소중하지만 이 세상에서 가장 소중한 사람은 나이기 때문입니다.

4 외투 가게 주인이 아저씨의 행동을 보고 감동을 받아서 아저씨에게 다른 외투를 선물로 주었을 것이다. / 아저씨의 이야기를 들은 친구들이 아저씨를 위해 돈을 모아서 외투를 사 주었을 것이다.

2 바다가 아니네, 아이고 내 부리야, 해님이 왜 이렇게 딱딱해 졌지?, 불이다 불, 119에 전화하러 가자. 왜들 그러지? 난 그림을 그렸을 뿐인데…….

뛰어넘자 교과서
거북아, 쳐다보지 마!

G·U·I·D·E 어떻게 하면 문제를 해결할 수 있을지 다양한 방법을 생각해 봅니다.

1 거북이에게 썬글라스를 씌운다. / 거북이 눈을 안대로 가린다. / 욕조에 뚜껑을 만들어 소변을 볼 때에는 덮는다.

2 거북이를 친구에게 주는 그림. / 거북이가 썬글라스를 쓰고 있는 그림.

02 느낌을 그림으로 그려요

G·U·I·D·E 강아지와 고양이의 행동을 통해 느낀 점을 자유롭게 표현해 봅니다.

1 고양이가 혼나지 않아서 다행이다. / 강아지와 고양이가 귀엽다. / 지은이가 참 착하다.

2 꼬리를 흔드는 강아지 그림이나 귀를 쫑긋 새운 고양이 모습. / 강아지와 고양이를 보며 '귀여워서 봐 준다.'는 표정으로 서 있는 아이의 모습.

열린교과서

1 파랑 – 파란 모자, 신호등의 파란 불, 파란 구두
노랑 – 레몬, 바나나, 노란 바지, 노란색 컵
빨강 – 체리, 빨간 리본, 딸기, 장미꽃

week 03
독서 클리닉
성냥 사세요! 성냥 사세요!
23 쪽

마음으로 읽어요
01 성냥을 팔지 못한 소녀

G·U·I·D·E 소녀의 처지를 이해하고 소녀의 어려움을 마음으로 느껴 봅니다.

1 모두들 행복한 시간을 보내는데 소녀만 춥고 배고파서 슬펐을 것이다. / 성냥을 사 주지 않는 사람들이 원망스러웠을 것이다. / 성냥을 팔아 오지 않으면 야단을 치는 아버지가 미웠을 것이다.

2 사람들의 관심이 필요할 것이다. 왜냐 하면 소녀는 지금 외롭기 때문이다. / 따뜻한 집에서 먹는 따뜻한 음식이 필요할 것이다. 왜냐 하면 소녀는 지금 춥고 배고프기 때문이다. / 성냥을 사 주는 사람이 필요할 것이다. 왜냐 하면 성냥을 팔아서 돈을 벌면 집에도 갈 수 있고 맛있는 것도 살 수 있기 때문이다.

3 난로 / 장갑 / 털신 / 목도리 / 털코트 / 귀마개 / 털모자 / 따뜻한 손.

02 성냥을 켰어요

G·U·I·D·E 소녀가 성냥을 켤 수 밖에 없는 상황을 이해하고, 왜 그런 환상을 보게 되었는지 이유를 생각해 봅니다.

1 · 일어난 일: 쇠 난로가 나타났다. 먹을 것이 잔뜩 차려져 있는 식탁이 보이고, 거위가 소녀에게로 걸어 왔다. 아름다운 크리스마스 트리밑에 앉아 있었다.
· 소녀의 기분: 소녀가 바라던 것들이 나타나서 행복했을 것이다. / 믿어지지 않았을 것이다.

2 실망스러웠을 것 같다. / 다시 나타나기를 바랐을 것이다. / 꿈을 꾼 것이라고 생각했을 것이다.

3 따뜻한 난로가 있고 맛있는 음식이 차려져 있는 집. / 따뜻한 옷과 신발. / 나를 사랑해 주는 엄마.

03 하늘나라로!

G·U·I·D·E 성냥팔이 소녀가 죽은 이유를 생각해 보고, 성냥팔이 소녀가 죽음을 맞이할 때의 기분을 짐작해 봅니다.

1 소녀가 많이 힘들었던 것 같다. / 소녀가 성냥을 켰을 때 나타났던 것들이 사라졌을 때 많이 섭섭했던 것 같다. / 할머니가 많이 보고 싶었던 것 같다.

2 성냥을 켰을 때 따뜻한 난로, 맛있는 음식, 아름다운 트리, 보고 싶은 할머니가 나타난 것.

3 성냥팔이 소녀야 안녕.
많이 춥고 배고팠지? 그래도 이제 춥지도 않고 배고프지도 않고 외롭지도 않은 곳에 있으니까 좋겠다. 네가 성냥을 켜서 추위를 이기려고 하는 모습을 보고 마음이 많이 아팠단다. 그런데 성냥을 켤 때마다 신기한 일이 일어나서 나도 많이 놀랐어. 착하고 가여운 너를 위해 성냥나라 요정이 선물을 주시는구나. 생각했는데 그 선물들이 금방 사라져 버려서 나도 많이 아쉬웠어. 네가 할머니에게 데려가 달라고 울부짖을 땐 네가 얼마나 힘들었는지 느낄 수 있었어. 그래도 네가 할머니 품에 안겨 하늘나라로 가게 되어서 기뻐. 그곳에서는 신나고 좋은 일만 많이 일어나기를 바래. 안녕
2004년 10월 15일
이해준 씀

week 04
교과서 논술 02
말, 참 재미있다
33쪽

한 걸음 더
성냥팔이 소녀, 꽃 파는 소녀 되다

G·U·I·D·E 적극적인 태도의 성냥팔이 소녀를 만나봅니다.

1 · 나는 고은이의 의견과 같다. 나도 성냥팔이 소녀가 좀 더 적극적으로 성냥을 팔거나 성냥이 아닌 다른 것을 팔면 좋겠다고 생각했는데 바뀐 이야기에서는 소녀가 적극적인 모습으로 꽃을 파는 것이 좋기 때문이다.
· 나는 원작 성냥팔이 소녀가 좋아. 왜냐 하면 성냥팔이 소녀처럼 어려운 환경에 처해 있는 사람들을 이해할 수 있기 때문이야.

2 나는 포도주를 팔았을 것 같아요. 그 날은 파티를 많이 하니까 사람들이 포도주를 많이 마실 것 같기 때문이에요. / 나는 따뜻한 모자와 목도리를 팔았을 것 같아요. 날씨가 추우니까 많이 팔렸을 것 같아요.

내 눈으로 보는 교과서
01 말의 재미를 느껴 봐!

G·U·I·D·E '원숭이 엉덩이는 빨개'로 시작해서 '빨가면 사과'와 같이 뒷말을 이어가는 놀이를 꽁지따기 놀이라고 합니다. 글자에 해당되는 사물이나 상태를 떠올려 말놀이를 해 봅니다.

1 리듬을 타며 꽁지따기 놀이를 해 봅니다.

2 ① 딱딱하면 돌멩이→돌멩이는 차가워→차가우면 얼음→얼음은 투명해→투명하면 비닐
② 김치는 매워→매우면 고춧가루→고춧가루는 빨개 → 빨가면 노을 →노을은 멋있어

열린교과서

G·U·I·D·E 말로 만든 덧셈 뺄셈 문제를 풀어 보고 왜 그런 답이 나왔는지 이야기해 봅니다.

1 개에게 밥을 주었더니 개가 으르렁거리지 않고 조용해 졌다.

2 시계-건전지 = 멈춘 시계, 시계 – 건전지 = 배고픈 시계

3 ① 거품, 아이 눈 매워.
  ② 행복한 고양이, 얌전한 고양이
  ③ 비누 방울, 깨끗한 빨래
  ④ 죽은 물고기, 팔딱팔딱
  ⑤ 상한 음식, 녹은 얼음

02 말의 리듬을 살려 봐!

G·U·I·D·E 나무이름을 가지고 재미있는 말놀이를 해 보고 리듬을 타면서 읽어 봅니다.

1 대끼놈!, 참아라

2 소나무, 자작나무, 대나무, 엄나무

열린교과서

G·U·I·D·E 리듬을 타며 이야기를 읽고, 할머니가 어떤 말로 개를 야단쳤을지 상상해 봅니다.

1 '꼬' 자에 힘을 주어 읽어 봅니다.

2 네 집 가서 네 밥 먹어라. 내 똥 먹지 말고. / 영양가 없는 똥 먹지 말고 저리 가라.

3 남쪽 나라 간다.
  먹이 구하러 간다.
  너네 논에 간다.
  이삭 주어 먹으러 간다.

4 도깹아 → 왜 불러?
  어디 가니? → 산에 간다.
  무엇하러? → 밤 따러
  어떻게? → 이렇게 장대들고 '폴짝'

뛰어넘자 교과서
소리내어 읽어 봐!

G·U·I·D·E 별을 굽고 닦고 담아 주머니에 넣고 망태에 넣고 솥 안에 넣는다는 내용을 여러 흉내내는 말을 넣어 재미있게 표현한 시를 읽어 봅니다.

1 별 따는 모습을 상상하며 글을 읽어 봅니다.

2 구멍 뽕 뚫어 반짝반짝 목에 걸고, 프라이팬에 넣고 타닥타닥 별 튀김 해 먹자.

3 떽떼굴, 어디서, 주머니, 구워 먹지, 숯불에 굽지, 호호, 달콩달콩, 호리호리, 쉬쉬

week 05
영재 클리닉 01
우리 나라가 보여요!
43쪽

내 눈으로 보는 교과서
태극기는 우리 나라의 얼굴

G·U·I·D·E 태극기의 각 무늬가 상징하는 것이 무엇인지 알고, 태극기가 어떻게 쓰이는지 생각해 봅니다. 국제 회의나 세

계 대회가 열릴 때 태극기를 앞세우고 참가합니다. 또, 나라에 기쁜 일이나 슬픈 일이 있을 때는 집집마다 태극기를 달아 기쁨과 슬픔을 나타냅니다.

1 평화를 사랑하는 마음, 우주의 조화, 하늘, 땅, 달, 해

2 대한민국 선수라는 것을 알리기 위해서 / 우리 나라를 대표하는 선수라는 것을 의미한다. / 태극기를 가슴에 달면 애국심이 생겨서 경기를 더 잘하기 때문에

3 우리 나라가 호락호락하지 않은 나라이기 때문에

4 태극기보다 더 그리기 어렵고 복잡한 국기가 많아서

5 땅이 넓은 나라 / 돈이 많은 나라 / 사람들이 모두 행복하게 사는 나라

를 어떻게 소개하면 되는지 알아봅니다.

1 사계절이 있어서 좋다, 다양한 야채와 과일을 먹을 수 있어서 좋다, 우리 나라 말이 좋다, 우리 나라 사람들 얼굴이 좋다, 산과 바다가 많아서 좋다.

2 ① 역사박물관 가기
② 한옥마을 가서 옛날 집 보기
③ 인사동에 가서 옛날 물건 보기
④ 우리 집에 가서 밥 먹기
⑤ 롯데월드 가서 놀이 기구 타기

3 청와대를 보여 주고 싶다. 왜냐 하면 우리 나라 대통령이 살고 있는 곳이기 때문이다. / 밤에 한강을 보여 주고 싶다. 밤에 불이 켜진 한강은 정말 멋있기 때문이다. / 우리 학교와 우리 학교 친구들을 보여 주고 싶다. 학교에서 친구들과 함께 놀면 재미있기 때문이다. / 로봇 박물관을 보여 주고 싶다. 신기하고 재미있는 로봇들이 많이 있기 때문이다.

Step by Step
01 피고 지고 또 피는 무궁화

G·U·I·D·E 무궁화의 특징과 무궁화라는 이름의 의미를 생각해 봅니다.

1 끊임없이 새 꽃이 피고 지고 또 새 꽃이 피기 때문에 / 오래도록 변치 않고 아름다움을 누리는 꽃이기 때문에

2 우리 나라 꽃 / 아름다운 꽃 / 우리 나라를 상징하는 꽃 / 꽃집에서는 팔지 않는 꽃

02 우리 나라는 말야~

G·U·I·D·E 외국인 친구에게 우리 나라

03 외국에서 본 우리 나라

G·U·I·D·E 권솔의 편지를 받은 이탈리아의 까를로가 한국에 대해 알고 있는 것과 궁금한 것을 써서 보낸 것을 읽어 봅니다.

1 한국은 축구를 좋아하고 마늘과 김치를 많이 먹고, 빨간색을 좋아하는 나라.

2 우리 나라는 산과 바다가 많아서 먹을 것이 풍부한 나라야. / 우리 나라는 사계절이 뚜렷해서 계절마다 풍경이 달라지는 나라야. / 우리 나라는 열심히 일하는 사람들이 많은 나라야. / 우리 나라는 열정적이고 부지런한 사람들이 많은 나라야.

04 태극기를 달아요!

G·U·I·D·E 국가적인 경사를 축하하는 국경일에 대해 알아봅니다.

1 1절 - 3월 1일, 제헌절 - 7월 17일, 광복절 - 8월 15일, 개천절 - 10월 3일

2 태극기를 달아요.

3 공부를 열심히 해요, / 태극기 다는 날에 태극기를 잘 달아요. / 우리 나라에 대해 많이 공부해서 다른 나라 친구들에게 알려 줘요.

4 식목일 - 4월 5일로 나무 심는 날, 어린이 날 - 5월 5일로 어린이를 위한 날, 현충일 - 6월 6일로 나라를 지키다 돌아가신 분들의 넋과 그 가족을 위로하는 날, 국군의 날 - 10월 1일로 한국 국군의 발전을 기념하는 날, 한글날 - 10월 9일로 한글의 소중함을 생각하고 한글의 우수성을 드높이는 날,

영재 plus
우리 나라를 응원해요

G·U·I·D·E 우리 나라 선수들이 다른 나라와 경기를 할 때 우리 나라를 응원하게 되는 이유를 생각해 봅니다.

1 우리 나라를 사랑하기 때문에 / 다른 나라 선수와 우리 나라 선수가 경기를 하기 때문에

2 우리 나라 선수들이기 때문에 / 우리 나라가 이겨야 기분이 좋기 때문에

week 06
교과서 논술 03
무슨 일이 일어났나요?
53쪽

내 눈으로 보는 교과서
01 한 말과 한 일을 찾아보아요!

G·U·I·D·E 각각의 인물들이 한 말을 찾고, 그렇게 말하는 인물의 성격이 어떤지 파악해 봅니다.

1 · 임금 - 남의 말을 귀 기울여 듣는다. / 마음씨가 착하다. / 자상하다.
· 아기 다람쥐 - 다른 사람의 마음을 헤아리지 못한다. / 남을 잘 놀린다.
· 사슴 - 친구를 도와주는 착한 마음씨를 가졌다. / 남을 위해 자기 것을 줄 수 있는 넓은 마음을 가졌다.
· 염소 - 감사할 줄 아는 마음씨를 가졌다.

2 ① 임금이 동물들에게 신기한 흙으로 아름다운 그릇을 빚어달라고 한다.
② 사슴이 다리가 아픈 염소를 위해 신기한 흙을 떼어 염소의 다리에 발라 준다.
③ 임금님과 아기 다람쥐가 사슴이 빚은 구멍난 그릇을 보고 있다.

열린교과서
1 2+3의 답을 몰라서

2 5개

3 어른이 먹을 것을 주셨으니까 감사의 뜻으로

4 라디오를 빌리러 왔다.

5 미안해. 그동안 내가 시끄럽게 해서. / 너네 집까지 내 라디오 소리가 들리는 줄 몰랐어.

6 밤마다 라디오를 크게 틀어 놓았을 것이다.

뛰어넘자 교과서
안과에서 무슨일이?

G·U·I·D·E 세찬이가 말한 '아니오'의 의미가 '글자가 보이지 않는다'가 아니라 '글자를 몰라서 읽을 수 없다.'는 의미라는 것을 찾아봅니다.

1 글자를 읽을 줄 몰라서

2 세찬이의 시력(눈)

3 글자를 읽을 수 있게 되면 다시 오렴.

4 세찬이가 시력검사를 받으러 안과에 갔는데 세찬이는 아주 큰 글자로 읽지 못한다. 안과의사는 세찬이의 어머니에게 세찬이가 큰 글자도 읽지를 못하니 아주 심각하다고 말한다. 그러자 엄마는 세찬이가 아직 글자를 읽을 줄 모른다고 이야기하고 안과의사와 엄마 모두 안심하게 된다.

교과서plus
나귀에게 무슨 일이?

G·U·I·D·E 지문을 읽고, 나귀가 부러워 한 것이 무엇이며 어떤 소원을 이루고 싶어했는지 찾아봅니다.

1 귀뚜라미처럼 아름다운 목소리를 가지고 싶어서

2 사랑하는 나귀를 위해 아름다운 노래를 들려 주고 싶어서 / 귀뚜라미의 아름다운 목소리를 들으면 기분이 좋아지기 때문에 / 노래 부르기 대회에 나가서 상을 받고 싶어서

3 나귀는 계속 이슬만 먹다가 점점 야위어 죽게 되었다. / 나귀는 계속 이슬만 먹다가는 죽을 것 같다고 판단하고 먹이를 먹고 기운을 차린다. 기운을 차린 나귀는 열심히 노래 연습을 해서 귀뚜라미와는 또 다른 아름다운 목소리를 갖게 된다.

week 07
영재 클리닉 02
겨울이 되면?
63쪽

내 눈으로 보는 교과서
겨울맞이는 이렇게

G·U·I·D·E 온도와 습도가 낮고 눈이 많이 오는 겨울철에 학교와 가정에서 준비해야 할 것들을 알아봅니다.

1 난로나 온풍기를 준비한다. / 소화기를 점검한다. / 겨울 방학을 한다.

2 두꺼운 커튼으로 바꾼다. / 두꺼운 이불로 바꾼다. / 보일러를 튼다. / 김장을 담근다. / 소화기를 점검해 집에 둔다.

Step By Step
01 졸려, 나 건드리지 매!

G·U·I·D·E 동물들이 겨울잠을 자는 이유와 동물마다 겨울잠을 자는 형태가 다르다는 것을 알 수 있습니다.

1 G·U·I·D·E 곰은 가을부터 먹는 양을 줄이기 위해 식물의 잎만 먹고, 박쥐와 고슴도치는 늦가을부터 부지런히 먹어두어 몸에 두터운 지방층이 생깁니다.

겨울은 먹이를 찾기가 힘들기 때문에 / 체온이 떨어져서

2 G·U·I·D·E 겨울잠을 자고 있는 동물을 억지로 깨우면 안 됩니다. 잠을 깰 때 너무 많은 에너지를 쓰게 되어 남은 겨울잠을 잘 수 없어 죽게 됩니다.

겨울잠을 자기 전에 먹이를 많이 먹어 둔다. / 겨울잠을 잘 장소를 찾아 둔다.

3 억지로 겨울잠을 깨우면 동물이 죽을 것이다. / 잠깐 잠을 깼다가 다시 잠을 잘 것이다.

02 벌레들이 사라졌어요.

G·U·I·D·E 겨울 동안 벌레들은 커다란 나무 밑동, 나무 사이, 산불 조심 팻말 뒤 등 숲 속 여러 곳에서 겨울을 난다는 것을 알 수 있습니다.

1 겨울을 나기 위해 나무나 돌 밑에 숨어 있기 때문에 / 따뜻한 곳을 찾아 숨어 있기 때문에

2 사마귀 알은 알 주머니 안에 들어가서 나무에 붙어 겨울을 난다. / 나무 밑에서 낙엽을 덮고 겨울을 난다.

03 겨울눈은 나무의 털옷

G·U·I·D·E 겨울눈은 추운 겨울 동안 나무의 잎과 꽃이 될 부분을 감싸주는 역할을 하며 봄이 되면 이 눈을 뚫고 잎과 꽃이 핀다는 것을 알 수 있습니다.

1 겨울눈은 잎과 꽃이 될 부분을 따뜻하게 감싸 주어 얼지 않고 겨울을 나게 한다.

2 겨울눈이 자라서 잎과 꽃을 피운다.

3 네, 겨울에 솜처럼 흰 것이 나무에 붙어

있는 것을 본 적이 있어요. / 아니오. 겨울눈을 본 적이 없어요. 올 겨울에는 꼭 보고 싶어요.

04 옛날에는 겨울이 더 추웠다는데…

G·U·I·D·E 옛날 사람들은 겨울을 어떻게 보냈는지 살펴볼 수 있습니다. 김치를 넣은 독을 땅에 묻는 이유는 땅이 바깥보다 온도 변화가 적기 때문입니다.

1 땅에 묻어야 김치가 맛있기 때문에 / 땅에 묻어야 독이 얼지 않기 때문에 / 온도 변화가 적어서 김치가 맛있기 때문에

2 겨울에는 싱싱한 야채를 먹을 수 없기 때문에

3 G·U·I·D·E 오늘날은 비닐하우스가 있어서 한 겨울에도 딸기를 먹을 수 있다는 것을 알 수 있습니다.

옛날에는 겨울에 딸기를 먹을 수 없었지만 오늘날에는 겨울에도 비닐하우스에서 딸기를 길러서 사 먹을 수 있다.

4 옛날에는 보일러도 없고 집도 좋지 않아서 더 추웠을 것이다. / 옛날에는 공기가 오염되지 않아 더 추웠을 것이다.

영재plus
가자, 북극으로!

G·U·I·D·E 남극이나 북극은 온도가 아주 낮기 때문에 감기 바이러스가 살지 못한다는 것을 알 수 있습니다.

1 감기 때문에

2 너무 추워서 감기 바이러스가 살 수 없기 때문에

week 08
논술 클리닉
자세하게 설명해 봐!
71쪽

내 눈으로 보는 교과서
사진 보고 설명해요

1 · 영훈이가 일곱 살 때
· 유람선 위에서
· 할머니, 할아버지, 아버지, 영훈이, 형, 동생
· 어머니

2 내가 일곱 살 때 가족들이 함께 한강으로 유람선을 타러 갔다. 사진은 유람선 위에서 찍었다. 할아버지, 아버지, 나, 형, 동생이 함께 찍었는데, 할머니께서 동생을 안고 계시고 아버지께서 형 목에 팔을 두르고 계신다. 그리고 나는 맨 앞에서 웃으면서 사진을 찍었다. 사진은 어머니께서 찍어주셨다.

논술 에너지를 쌓아라
01 길을 쉽게 설명해요!

G·U·I·D·E 한 아이가 길을 묻는 아저씨에게 성의 없게 길을 안내합니다. 그 아이의 태도를 통해 길을 어떻게 가르쳐 주어야 하는지 생각해 봅니다.

1 이 길에서 앞으로 쭉 가시다 보면 또와

문방구가 나와요. 문방구에서 왼쪽으로 꺾어지면 이삭빵집이 있거든요. 이삭빵집에서 왼쪽 골목으로 들어가면 튼튼한 이 치과가 있어요.

③ 배가 병 안에서 자라난다.
④ 다 자란 배의 꼭지를 똑 따서 병 안에 들어가게 한다.

02 그림을 그리듯이 설명해요!

G·U·I·D·E 그림에서 설명과 다른 부분을 찾고 어떻게 다른지 이야기해 봅니다.

1 커튼이 파란색이어야 하는데 노란색이다, 책상 위에 자명종 시계가 있어야 하는데 인형이 있다, 창문 옆에 액자가 한 개 걸려 있어야 하는데 없다, 침대 위에 베개가 두 개 있어야 하는데 한 개 뿐이다.

2 ① - 첫번째, 네번째 사진
　　② - 두번째, 세번째 사진

3 한 남자 아이가 포도주 두 병을 양손에 들고 미소를 지으며 걸어가고 있다. 뒤에는 건물의 모퉁이가 보이고 여자 아이 둘이 지나가며 남자 아이를 보고 있다. 지나가는 사람들이 세 명 있는데 두 명은 흐릿하게 보이고 한 명은 옷만 조금 찍혔다.

03 아하, 그렇구나!

G·U·I·D·E 배를 통째로 넣은 배술을 만드는 과정을 그림을 보고 자세하게 설명해 볼 수 있습니다.

1 배를 병 안에 넣은 방법

2 ① 어린 배를 병 안에 넣는다
　　② 병이 떨어지지 않게 나뭇가지와 꽁꽁 묶어 놓는다.

04 공통점을 찾아 설명해요!

G·U·I·D·E 자동차와 사람의 공통점을 설명해 볼 수 있습니다.

1 자동차의 계기판과 사람의 뇌, 자동차 엔진과 사람의 심장, 자동차의 전조등과 사람의 눈, 자동차의 바퀴와 인간의 다리.

2 · 음식을 먹지 않으면
　 · 나이가 많이 들면

신나는 논술
무엇이 닮았나요?

자동차와 사람은 여러 가지 닮은 점을 가지고 있다. 자동차가 움직이도록 지시를 하는 계기판은 사람의 뇌와 비슷하고, 자동차의 엔진은 사람 몸의 심장과 비슷하다. 사람은 심장이 튼튼해야 잘 달릴 수 있고 자동차는 엔진이 튼튼해야 잘 달릴 수 있다. 자동차의 전조등은 사람의 눈과 닮았다. 2개 달려 있는 것이나 모양이 닮았고, 어두운 곳에서 물체를 잘 보이게 하는 일을 하는 것도 닮았다. 그리고 자동차의 바퀴는 사람의 다리와 비슷하다. 자동차에 바퀴가 없으면 달릴 수 없는 것처럼 사람도 다리가 없으면 달릴 수 없다.